Woorddurend
onderweg

ISBN 978-1-291-68821-4

www.poeziemarijekos.nl
www.marijekos.nl

Uitgeverij Oranje Gras
contact adres:
oranjegras@ziggo.nl

Afbeeldingen:
omslag   Marije Kos:
                          titel The Burden II,
                          2013, beeld 10x10 cm,
                          encaustiek

binnenwerk   Marije Kos
                          Kitty Doomernik

Woorddurend onderweg

Marije Kos

gedichten

Uitgeverij Oranje Gras, 2014

Inhoudsopgave

pag.

zij keek en zij zag
een schreeuw van herkenning klonk
de lucht trilde na

Haiku uit "Ode aan Edvard Munch...", Marije Kos

door stad en land, weer en wind

Ik bewaar alles

ik wandel
maar sta vaak stil

bij verdord bruin blad
een gat in de grond
een reiger in de sloot
een steen voor de grijp

ik bewaar alles

in mijn hoofd

Anders

soms is er een dag
dan werkt het
allemaal anders

ik tuur vooruit
in de verte
onwillekeurig kijk ik
naar links
naar rechts
dan achterom
over mijn schouder
het zingt
het zingt rond
de wind duwt me in de rug

rillingen

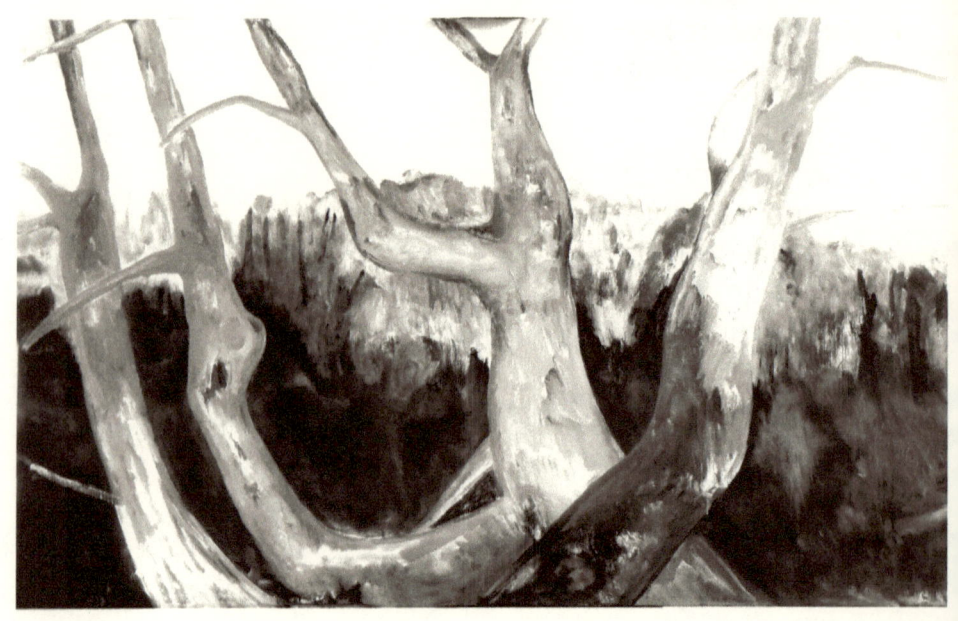

Herinnering

ik zag ze in de schaduw
van bloemen en lage struikjes
klein en wat vormeloos,
ik kon ze in stilte volgen

toen het donker werd
weerkaatsten alleen nog hun zuchten
tegen de donkere sterke stammen

de herinnering eraan
is net iets anders
dan andere herinneringen

Zoals de wind waait

de wind brengt geluiden mee
zomer- en winter-
lente- en herfstgeluiden

de wind brengt geluiden mee
zon- en sneeuwgeluiden
lichte en donkere geluiden

klanken waarop wordt gewacht

klanken waaraan nog lang wordt gedacht

sommigen teren maanden
op de herinnering

Moeder Aarde

Moeder Aarde met
haar ruftende walm
beneemt me de adem en
het zicht op verder weg

gevangen in de openlucht

de grond hard en nat
scheuren her en der
gifgroen water zoekt een weg
ginds is het verdwijnpunt

alles lost op,
dan niets meer

het was een gedachtenflits
toen het er op aan kwam
toen het niets meer uitmaakte

Een Groene Man stierf

eerder danste hij nog
op de fratsen van de wind
op het ritme van de regen

als laatste van zijn generatie

gestrekt groen lag hij
in mijn rechterooghoek
daar heb ik oog voor

voor rouwende bomen
verschoten mos en
treurend struikgewas

de ziel van het bos is weg
wolken spannen samen
en de wind huilt

regen laat zich gaan
geen moment om stil te staan

Ritueel

donkere stilte
klinkt heel lang na

hier en daar
zindert verlangen
onder het oppervlak
en een zucht maakt kringen

het ritueel speelt zich
nog steeds af
het gaat al eeuwen
niet anders

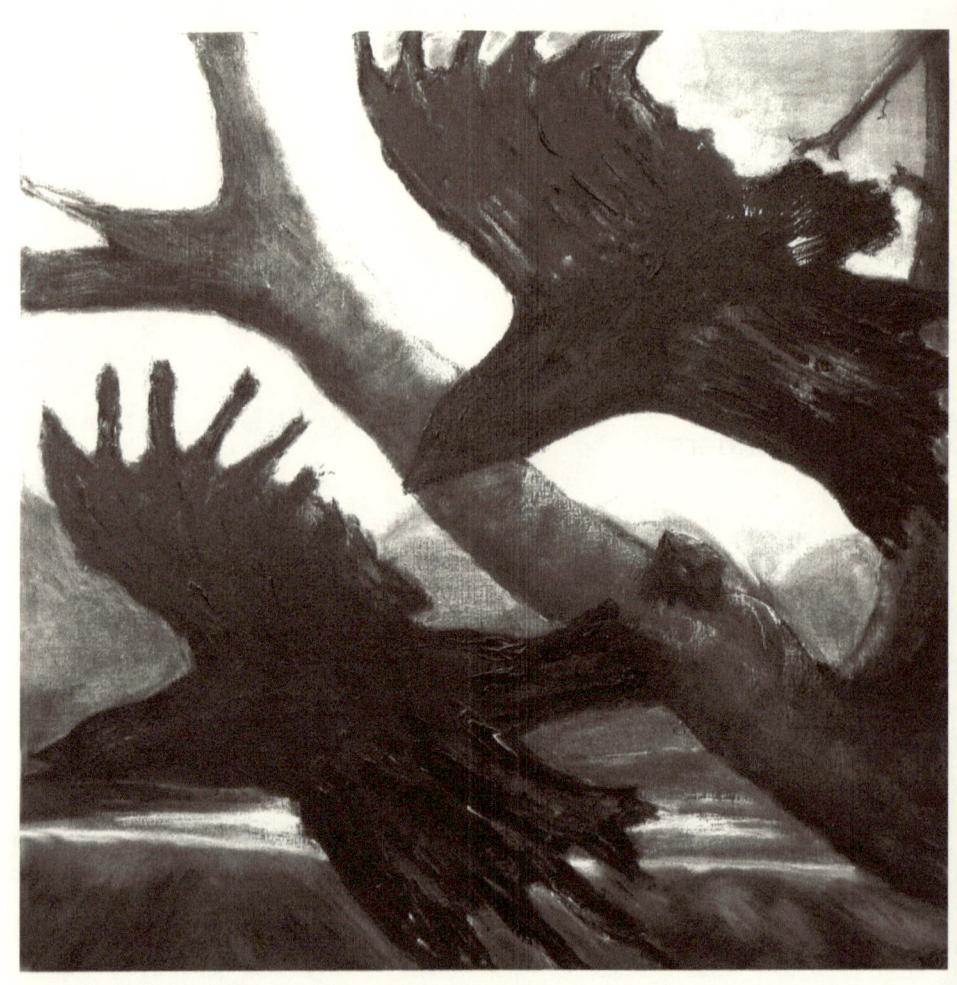

Groene vingers

er is veel schaduw want
de hemel wordt ingenomen
door een leger vogels

zwarte natuurlijk

de donkere bodem delft
het onderspit en groene vingers
steken uit de aarde
tegen beter weten in

ze grijpen in de lucht
ze woelen in de grond

veel woorden in een
jachtige gedachtenwereld
maken overuren

1973

nog eens kijkend bedenk ik
dat het mogelijk een
wanhopige liefde is geweest

de boom, bekrast, gekerfd eigenlijk
een uitroep, een schreeuw
maar ze kwam hier misschien nooit langs

de boom is stoïcijns
neemt de wanhoop mee naar boven
ieder jaar een stukje hemelwaarts

hoe het afliep valt niet te weten
het was in 1973
misschien fietsen ze nu, in de omgeving

alleen
of
met z'n tweeën

Gedicht met wolkenlijm

"hoe denk je daar te komen?" vroeg ze
daar had ik dus geen antwoord op

wolken pakten samen
tot een wolkendeken
uit de gaten daar boven
kwam de zegen
bakken vol
met regen

waterhoos
watergordijn
waterwand
waterland

een wolkbreuk kan

gedicht

met wolkenlijm

Stille liefde

iedere dag
kwam ik hem tegen
robuust als een kerel
toch sierlijke vrouwelijke trekjes

de honden
een perfecte smoes
om de deur uit te gaan

geen woord
werd er gewisseld tussen ons
geen woord

ooit probeerde ik om
hem aan te spreken
de woordloosheid verbrekend
die ons verbond

wat was erger?

de stilte daarna
of het geklater van
hondenpis tegen zijn

prachtige beukenbast

Graswaterboomluchtgedicht

natte groene tapijten zijn er uitgelegd
blotevoetencarpet frissig voetengroensel
een buiten de gebaande padenpad

om door te lopen

en stil te staan

helder tingelend water wentelt
zich door de slingerende geul
soms ernstig ingetogen transparant
dan weer buitelend langs de kant

een sterke boom
langs het smalle pad
fluistert iets onverstaanbaars
maar het blijken de bladeren
bespeeld door de regen

volle wolken
dichte lucht
sluiergrijs
heldere hemel
aarzelende zonnestralen
zinderende hitte

de wind zorgt voor een ademtocht

[Markdal in Breda]

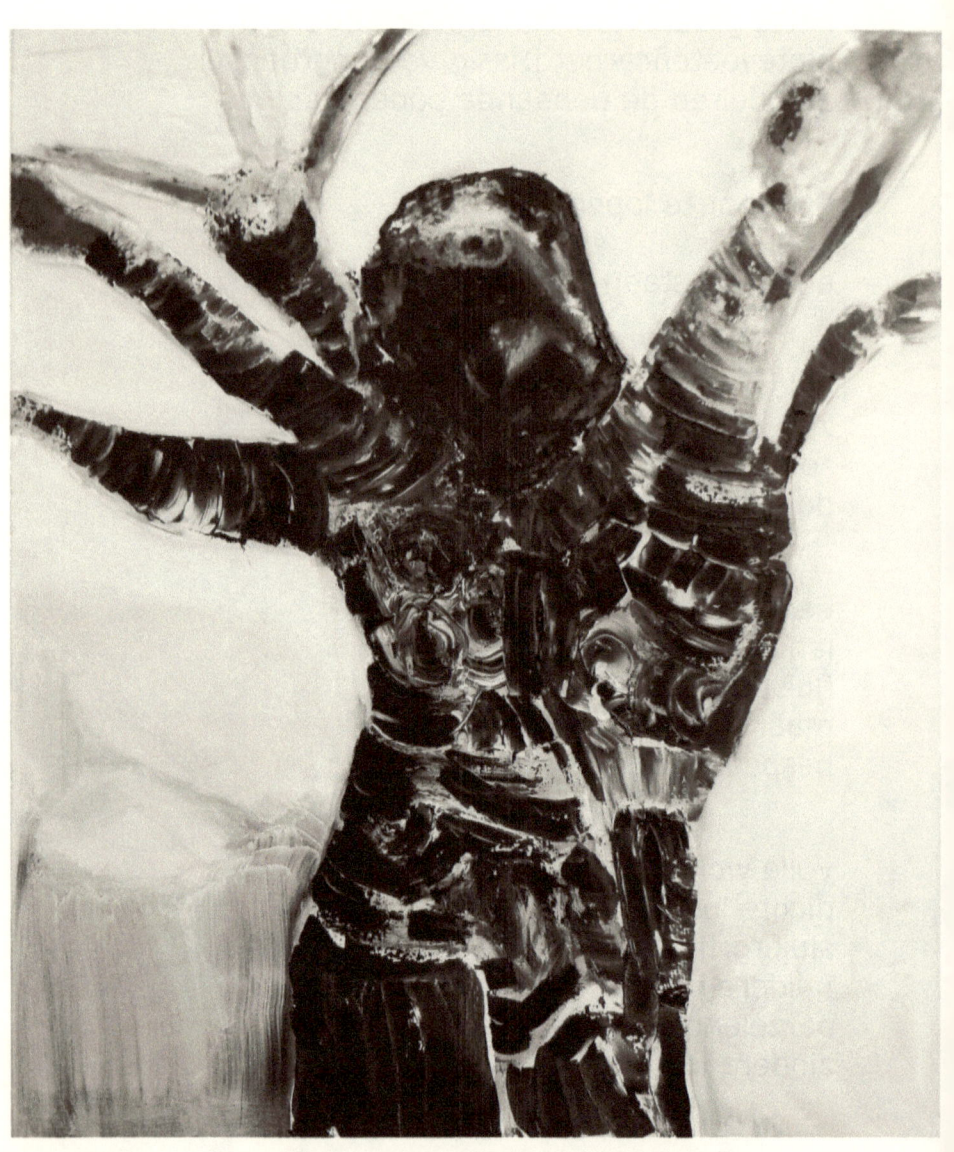

Tweede gezicht

bloedbanen, aderblauw
zachtroze vlees
valse noten
worden gekraakt

de boom
in onzichtbare steigers
toont een menselijk gezicht

alom klinkt vrolijkheid

getormenteerde bast

geboren om te sterven
de een na de ander

de een na de ander

de een

na de ander

Ik, Demer

opeens ben ik er, kletsnat en koud
en golf mijn weg van de minste weerstand
die vooralsnog oneindig lijkt
voortgestuwd en afgeleid
spiegelen mijn ogen lieflijke dorpjes
dan weer bedrijvige lelijkheid
weiland en bossen zijn mijn land
moeras en rietvelden zijn mijn kant

wat ik meekrijg door de eeuwen!
ik raak vervuld van alle kleuren
van hemelsblauw tot zwart en grijs
ben vloeiende weg en bron van leven
ik klater, meegaand, fris en vrolijk
en laaf me aan het hemelwater
weiland en bossen zijn mijn land
moeras en rietvelden zijn mijn kant

helaas, mijn lot is bezegeld
ik word gevangen en bekneld
en ik verander door de tijd
aan het einde van mijn natte reis
raak ik het spoor steeds vaker bijster
raak ik mezelf uiteindelijk kwijt

maar weiland en bossen zijn mijn land
en moeras en rietvelden zijn mijn kant

[De Demer, rivier in België]

26

De rivier

onder de brug stroomt de rivier
water glijdt eindeloos langs de wal
beneden in de donkere diepte
spuwt de oude stad haar gal

"daar lag de schuit van opa", zei hij
nu zijn vogels op het water geland
ter hoogte van de oude stallen
komt het water tot aan de rand

het bruine water stroomt traag
de schepen lijken wel onbemand
meeuwen krijsen alsmaar door
en de stroming streelt de kant

de verhalen van lang geleden
verteld met zijn zachte stem
wij hangen aan zijn lippen
de meeuwen overschreeuwen hem

[De Waal bij Nijmegen - herinnering aan mijn vader]

Het gras

witte bruine zwarte sneeuw
perst zich

de bergen braken
lijkt het

witblauw ijs, keihard
snijdt zijn ijskoude gang

het water gaat vooruit
en wacht
terwijl de lucht
in ijlvlucht

nog geen notie van het gras!

het oranje gras...

het rebellerende gras

Luister... het sneeuwt!

koude gordijnen waaien op
en door het open raam
dringen flarden binnen
van korte gesprekken

    -"...jee... gure wind..."
    -"...ja... handschoenen zijn..."
    -"... fuck you!"
    -"... en zo gaat het nou altijd!"

    -"... waardeloos zeg ..."
    -"... dat wel ..."

    -"...goedemÔrgen..."

een hond blaft terug
de vuilcontainer wordt weggereden

dan klinkt getik
van korrelsneeuw

Straf

bomen bezwijken onder
hun ijzige last
merkwaardige stilte in
een witte wereld

oude wegen worden
weer nieuw getekend
door zwarte lijnen
op maagdelijke grond

dan...verwerkt de zon
het hemels braaksel
tot een glazig
en glibberig grauw

zoutmeren en pekelplassen
als straf

voor eerdere schoonheid

Is ze of is ze niet

ik stond aan de kant en tuurde
wachtte, toch wel in spanning
het was me plechtig beloofd,
en bewijzen te over tenslotte

het immense oppervlak glom
was glad als een luchtspiegel
grijs nog donkerder grijs en zwart
als met hoogglansvernis strak afgelakt

geen zuchtje wind voelbaar
dan opeens heel in de verte
een kleine rimpeling, en nog een
nog meer beweging, dus toch!

daarginds een kleine donkere vlek
mijn fantasie slaat op hol
en struikelt

ik zie wat ik graag zou willen zien ...

langzaam dekt een dikke nevel
mijn verbeeldingswereld weer
zachtjes toe

Luchtspiegels

ik ben er zo een
zo een die altijd
naar boven kijkt

stijve nek dus
struikelen en
shit
aan de schoen
bij botsing
tand door de lip

boven is te zien
wat beneden niet
tenzij het zwaar
heeft geregend
en de grond bezaaid met

luchtspiegels

Dagklanken

"Verdomme!", roept de man
"Kan ik het helpen!", zegt de vrouw
stoom sist uit de
lelijke fabriekspijpen
kind joelt
hond blaft
kat krijst

"Het valt reuze mee", zegt ze,
"bij mij is 't ook gebeurd"
een auto remt gierend
door de scherpe bocht
kind gilt
hond jankt
kat klaagt

"Soms denk ik wel eens,
voor mij hoeft 't niet meer", zegt iemand
't water uit de fontein
klettert in de vijver
kind valt
hond eet
kat verlangt

Eeuwige ruis

de wind waait
regen klettert
een bal stuitert
rem piept
een deur valt dicht

wapperende jas
rammelende fiets
ronkende auto
brullende motor
klinkende claxon

gelach
geschuifel
geklets
geschreeuw
gescheld

getik
gehamer
geklepper
gebonk
gedonder

rotherrie

stel je voor

stilte

doet pijn

DICHT bij de kunst

Zonder woorden

dikke muren werden neergehaald
praal en gedachten overmeesterd
stilte overstemt nu de gezangen
en de eeuwenlange nagalm van
rijkdom, macht en het hogere

pure eenvoud in oude mist
een schim nog, een herinnering
aan een roosvenster zonder uitzicht
aan krakende balken en grauwe steen
aan diep uitgesleten gangen

tot oude wachters werden ze
bewegingloos en zonder woorden

[Bij het beeld "De monnik" van beeldend kunstenaar Wick
Akkermans]

Verstilde trom

de drum drumt en passen swingen
de trom slaat met straffe maat
dreigende ritmes vol betekenis
dwingen tot luisteren

over afstand en tijd
omgeven door stilte
klinkt de trom
tot hij niet meer klinkt

een getemde tamtam
stierf geluidloos in de verte
ontveld op het slagveld
of de fanfare ontvallen?

een hol vat stom geslagen
boodschapper zonder boodschap
gepolijst door de tijd

aan oerkracht ingeboet

[Bij het beeld "De trom" van beeldend kunstenaar Wick
Akkermans]

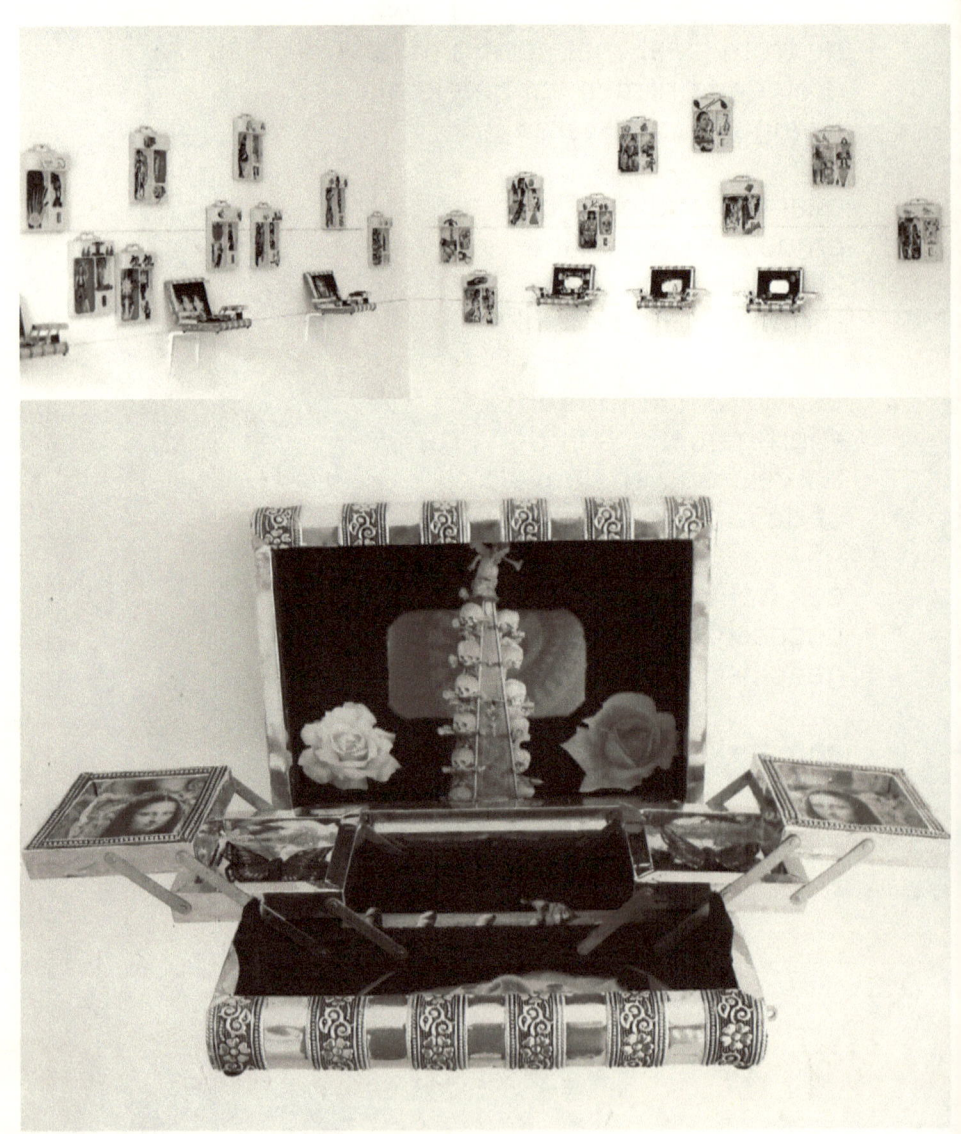

Pandora

al die kleuren in een toverdoos
van ingetogen knop naar bloeiende roos

voor grijpgraag en nooitgenoeg
een zinvol leven voor de boeg
te beginnen in het hier en nu
gaat heen en vermenigvuldigt u

de dubbelrol die haar was toebedacht!
de dagelijkse zorg e n
koningin van de nacht ...
kick en overleven zijn nauw verweven

zij van het aanrecht en haar van het altaar
lijken voor eeuwig veroordeeld tot elkaar
lippenstift leer kant en satijn
in de broze wereld van schone schijn

t o t het moment dat de waarheid kent
het bleek een uitgespeelde rol
van meisje tot vrouw tot toverkol
de doos van Pandora kwam haar belofte na

ooit als een bloemknopje in mei
spiegelt het leven haar nu voorbij
van toverdoos naar gereedschapskist
haar rozenmond werd langzaam gewist

[Bij de installatie "Les Fleurs du mal" van beeldend
kunstenaar Kitty Doomernik]

De ondergang

een schim uit het verleden
maakt zich los uit het blauw
herinnering dringt zich op
glooiende vorm gloeiende kleur
strelen zijn ogen

een lach klinkt
een warme hand raakt
het is maar even

zweet parelt en adem stokt
zoetgevooisd klinkt anders nu
zacht en rond wordt scherpgetand

prangend fel en giftig
zijn napijn en venijn

de hersenschim vervaagt
ragfijne spinnenwebben
en donkere stofdraden
belemmeren het zicht

net op tijd gered

van de ondergang

[Bij het schilderij "De Ondergang" van de overleden Vlaamse
schilder Willie Cools]

Ode aan Edvard Munch

grauwe steen rukt op
het atelier op de berg
ademt zijn adem

de schildersgeest kleumt
doeken in winterse kou
een leven in verf

de stad weer ontvlucht
het kleine huis aan het meer
boordevol gevoel

zij keek en zij zag
een schreeuw van herkenning klonk
de lucht trilde na

[4 haiku's als ode aan mijn favoriete schilder Edvard Munch]

Kruisbestuiving

raar woord
kruisbestuiving
beelden verdringen elkaar
in de lucht waart het gevaar
kruisbestuifd
stuifbekruisd
gekruisbestuifd
kruisbestoven
kruisbelogen
gelogenstraft
in het kruis getast

het is bij de konijnen af
het gaat maar door
is toekomstgericht
in microscopisch klein
schuilt het venijn

misschien alleen nog
een kwestie van rennen
weg over het hazenpad
daar waar wegen elkaar kruisen
staat op iedere kruising een beeld

weer een beeld
nog een beeld
een beeld van een schedel
een beeld van een roos
beeld van een vogel
beeld van roestvrij staal

beeld van een vader
met een dichtende dochter
beeld van een schilder
met een dansende dichter
beeld van een danser
maar die is al elf jaar dood!

raar woord
kruisbestuiving
beelden verdringen elkaar

[Geïnspireerd door het eigentijdse fenomeen van "cross-over"-
kunstprojecten, waarbij alle kunstdisciplines over elkaar heen
dienen te buitelen]

in de tijd

Forever young

"zoals de ouden zongen" zeiden ze
"piepen de jongen" zeiden ze

maar jong geleerd is oud gedaan
en kom nog maar eens om die baan!

ervaring is niet langer een deugd
en tot wanneer hoor je bij de jeugd?
misschien wel tot 35 jaar...
en dan staat een nieuwe jeugd weer klaar

Met *forty up* hoor je al bij de club
en is het nog het nog een lange weg te gaan
vaak nog verkerend in jeugdigheidswaan:
jong is goed, en jong doen moet

forever young werd tot een ware claim
maar blijkt vooral een dikke fopspeen
vijf maal tien en wie niet weg is
wordt niet meer gezien

wel als een mooie afzetmarkt bekeken
want met de jaren volgen gebreken
al met vijfenvijftig plus
valt de reclame in de bus

met de leesbril op de neus
worstelt men zich door ruime keus
van de rollator en appartement
van viagra voor die ouwe vent

tot de pamper een tijdje later
in geval van onverwacht water

"je bent jong en je wilt wat" zeggen ze
"de jeugd heeft de toekomst" zeggen ze

die woorden zijn nog niet koud
of je bent eigenlijk al *te oud*
te voor dit en *te* voor dat
te voor van alles en dan nog wat

met nog bijna een half leven te gaan
zie je die toekomst met lede ogen aan
of je denkt: het zal me een worst zijn
mij krijgen ze niet voortijdig klein!

[Geïnspireerd door de onvermijdelijke leeftijdsdiscriminatie
ergens op de levensweg]

Snoeihard slot

soms *zijn* woorden niet meer
woorden raken verloren
of hun betekenis wordt ingehaald
door weer andere woorden

het is van een onbarmhartigheid!

daar zijn geen woorden voor...

Eerder verschenen bij Oranje Gras de volgende bundels en catalogi van Marije Kos:

•Het geluid vervaagt, 1998,
isbn 978-90-77312-04-8

•Aan de andere kant, 2000,
isbn 978-90-77312-03-X

•Vluchtwegen, 2001,
isbn 978-90-77312-02-1

•Aardetranen, 2003,
isbn 978-90-77312-01-3

•Marije Kos, beeldend kunstenaar, 2007,
isbn 978-90-77312-08-7

•Marije Kos, taal en teken, 2011,
isbn 978-90-77312-00-1

uitgeverij

email: oranjegras@ziggo.nl

www.ingramcontent.com/pod-product-compliance
Lightning Source LLC
Chambersburg PA
CBHW030011190526
45157CB00015B/2251